Sascha Lambert

BBGB | Rechtsanwälte Grundlagenskripte zum Zivil- und Wirtschaftsrecht

Band 7

Die gewerberaummietrechtliche Rechtsprechung des Jahres 2011

Die wesentlichen Entscheidungen des BGH, des KG und der Oberlandesgerichte in Leitsätzen

GRIN Verlag

Bibliografische Information der Deutschen Nationalbibliothek:

Die Deutsche Bibliothek verzeichnet diese Publikation in der Deutschen National-
bibliografie; detaillierte bibliografische Daten sind im Internet über http://dnb.d-
nb.de/ abrufbar.

Impressum:

Copyright © 2012 GRIN Verlag GmbH
Druck und Bindung: Books on Demand GmbH, Norderstedt Germany
ISBN: 978-3-656-15214-9

Dieses Buch bei GRIN:

http://www.grin.com/de/e-book/190659/die-gewerberaummietrechtliche-rechtspre-
chung-des-jahres-2011

GRIN - Your knowledge has value

Der GRIN Verlag publiziert seit 1998 wissenschaftliche Arbeiten von Studenten, Hochschullehrern und anderen Akademikern als eBook und gedrucktes Buch. Die Verlagswebsite www.grin.com ist die ideale Plattform zur Veröffentlichung von Hausarbeiten, Abschlussarbeiten, wissenschaftlichen Aufsätzen, Dissertationen und Fachbüchern.

Besuchen Sie uns im Internet:

http://www.grin.com/

http://www.facebook.com/grincom

http://www.twitter.com/grin_com

Die gewerberaummietrechtliche Rechtsprechung des Jahres 2011

Die wesentlichen Entscheidungen des BGH, des KG und der Oberlandesgerichte in Leitsätzen

BBGB | Rechtsanwälte Grundlagenskripte zum Zivil- und Wirtschaftsrecht

Band 7

Dr. Sascha Lambert

1. Auflage 2012

Inhaltsverzeichnis

1. ABGRENZUNG MIET-, PACHT-, SONSTIGER NUTZUNGSVERTRAG

NUTZUNGSÜBERLASSUNG EINER VOLL EINGERICHTETEN GOLFANLAGE IST PACHT

OLG Hamm, Urt. v. 6. Mai 2011 - 30 U 15/10

Leitsatz des Verfassers:

Steht ein vereinbartes Nutzungsrecht für diverse Räume und ein ausschließliches Nutzungsrecht hinsichtlich einer Golfanlage und die Durchführung des Spielbetriebs im Zentrum des Vertrages, ist das bei einer vereinbarten Pachtzinszahlung eine entgeltliche Gebrauchsüberlassung von Räumen bzw. Grundstücken. Die Nutzungsüberlassung einer voll eingerichteten Golfanlage wird mithin als Pachtvertrag einzuordnen sein.

2. MIETOBJEKT

DER VERKAUF VON FEUERWERKSKÖRPERN IST NICHT VOM MIETZWECK „BETRIEB EINES SPIELWAREN- UND BABYARTIKEL FACHMARKTES" GEDECKT

KG, Urt. v. 6. Juni 2011 – 8 U 9/11

Leitsatz des KG:

Vereinbaren die Parteien eines Mietvertrages über Gewerberaum als Mietzweck den "Betrieb eines Spielwaren- und Babyartikel Fachmarktes sowie Kinderbekleidung", so stellt die Lagerung und/oder der Verkauf von Silvesterfeuerwerksprodukten der Kategorie 2 einen vertragswidrigen Gebrauch der Mietsache dar. Bei Silvesterfeuerwerksprodukten der Kategorie 2 handelt es sich nicht um Spielwaren.

3. Parteien des Mietvertrages

Vermieterstellung bei Wechsel im Gesellschafterbestandeiner Aussen-GbR

OLG Brandenburg, Urt. v. 9. März 2011 – 3 U 7/10

Leitsatz des Verfassers:

Trotz des Wechsels im Gesellschafterbestand bleibt die Identität und Vermieterstellung bei einer Außengesellschaft bürgerlichen Rechts gewahrt.

4. ABSCHLUSS DES MIETVERTRAGES, INSBESONDERE SCHRIFTFORM

ZUR SCHRIFTFORM BEI MITVERMIETETEN KFZ-STELLPLÄTZEN

OLG Hamm, Urt. v. 16. Februar 2011 - 30 U 53/10

Leitsatz des Verfassers:

Zur Wahrung der Schriftform müssen die wesentlichen Vertragsbestandteile ausreichend bestimmt sein sein. Wesentlicher Bestandteil sind auch mitvermietete Kfz-Stellplätze, weshalb ihre Anzahl und ungefähre Lage zu benennen ist. Allerdings muss ihre genaue Lage nicht aus der Urkunde selbst hervorgehen – ausreichend ist, wenn sich die Regelungslücke durch Auslegung schließen lässt. Zur Auslegung darf auch auf einen vorhergehenden, verlängerten Vertrag abgestellt werden, der Regelungen zur Nutzung der Stellplätze traf.

ZUR SCHRIFTFORM BEI UNTERZEICHNUNG DURCH NUR EINEN GESELLSCHAFTER

OLG Hamm, Urt. v. 16. Februar 2011 - 30 U 53/10

Leitsatz des Verfassers:

Unterschreibt nur einer von mehreren GbR-Gesellschaftern den Mietvertrag, ist die Schriftform des § 550 BGB gewahrt, wenn hinreichend deutlich wird, dass der Unterzeichnete auch die übrigen Mitgesellschafter vertreten will. Dafür reicht nicht aus, dass sich die Unterschrift unter dem Namensstempel der GbR befindet.

MAßGEBLICHER ZEITPUNKT FÜR DIE ERFÜLLUNG DER SCHRIFTFORM

OLG Hamm, Urt. v. 6. Mai 2011 - 30 U 15/10

Leitsatz des Verfassers:

Für die Wahrung der Schriftform ist der Zeitpunkt der Unterzeichnung der Urkunde entscheidend. Ist mithin in einem schriftlichen Vertrag der Pachtgegenstand nicht hinreichend bestimmt und nicht feststellbar, ob jemals eine einheitliche Vertragsurkunde existiert hat, kann darin ein Verstoß gegen die Schriftform liegen.

ZUR SCHRIFTFORM BEI EINER GRUNDSTÜCKSGEMEINSCHAFT ALS VERMIETER

OLG Düsseldorf, Urt. v. 18. Juli 2011 - 24 U 218/10

Leitsatz des Verfassers:

Die Bezeichnung einer vermietenden Grundstücksgemeinschaft als "R. E. Grundstücksgemeinschaft 1 (Gemeinschaft Duisburg)"genügt der Schriftform des § 550 BGB. Denn die Vertragspartei ist in diesem Fall jedenfalls bestimmbar, weil sich die Teilhaber durch Einsichtnahme in das Grundbuch unschwer und eindeutig feststellen lassen; die Identität der Vermieter steht mithin bei Vertragsschluss bereits verbindlich fest.

ZUR SCHRIFTFORM BEI PARTEIWECHSEL DURCH EINEN NACHTRAG ZUM MIETVERTRAG

OLG-Düsseldorf, Urt. v. 20. Oktober 2011 - 10 U 66/11

Leitsatz des Verfassers:

Die Schriftform eines langfristigen Mietvertrages ist bei einem rechtsgeschäftlichen Mieterwechsel durch zweiseitigen Vertrag zwischen Alt- und Neumieter ungeachtet der formfrei möglichen Zustimmung des Vermieters nur eingehalten, wenn diese Mieteintrittsvereinbarung dem Schriftformerfordernis des § 550 BGB genügt. Das erfordert, dass der Mieter oder der Mietnachfolger dessen Eintritt in die Mieterstellung durch eine Urkunde belegen kann, die ausdrücklich auf den Ursprungsmietvertrag Bezug nimmt. Die vertragliche Auswechselung des Mieters muss darin zur Wahrung der Schriftform dergestalt beurkundet sein, dass sich die vertragliche Stellung des Mietnachfolgers im Zusammenhang mit dem zwischen dem bisherigen Mieter und dem Vermieter geschlossenen Mietvertrag ergibt.

5. MIETE

ENTGELT FÜR ANGESTELTENTÄTIGKEIT ALS VORAUSVERFÜGUNG AUF DIE MIETE I.S.D. § 1124 BGB

OLG Celle, Beschluss. v. 11. Januar 2011

Leitsatz des OLG Celle:

Die in einem Pachtvertrag enthaltene Regelung, dass sich der monatliche Pachtzins vermindert, wenn und solange der Verpächter im Betrieb des Pächters gegen Entgelt als Angestellter beschäftigt wird, kann als Vorausverfügung über den Pachtzins im Sinne von § 1124 BGB zu beurteilen sein.

ZUR MIETBEFREIUNG DURCH SACHBEARBEITER EINER VERMIETER-AG

OLG Düsseldorf, Beschl. v. 22. März 2011 - 10 W 70/10

Leitsatz des OLG Düsseldorf:

Ist der Mietvertrag von Vertretungsorganen der Vermieter-AG unterzeichnet, liegt die Annahme, dass ein Sachbearbeiter bevollmächtigt sei, eine Mietbefreiung für mehrere Monate zu gewähren, fern.

ABGRENZUNG VON ALLGEMEINEN GESCHÄFTSBEDINGUNGEN ZU INDIVIDUALVEREINBARUNGEN BETREFFEND DIE ÄNDERUNG DES MIETZINSES

OLG Brandenburg, Urt. v. 6. April 2011 – 3 U 88/10

Leitsatz des Verfassers:

Allein eine mehrfache Anwendung von im Wesentlichen gleichlautenden Vertragsbedingungen führt nicht zu Allgemeinen Geschäftsbedingungen. Haben nämlich die Parteien langwierige Vertragsverhandlungen über mehrere Objekte geführt und am Ende im Wesentlichen gleichlautende Vertragsbedingungen vereinbart, liegen hierin Individualvereinbarungen.

MIETANPASSUNG AUFGRUND VERTRAGSKLAUSEL NACH PARTEIWECHSEL DURCH NACHTRAG ZUM MIETVERTRAG

OLG Düsseldorf, Urt. v. 9. Juni 2011 - 10 U 148/10

Leitsatz des OLG Düsseldorf:

1. Tritt der Mietnachfolger durch dreiseitigen Vertrag in das bestehende Mietverhältnis ein, hat dieses grundsätzlich denselben Inhalt wie der Mietvertrag mit dem Vormieter.

2. Zur Frage, ob sich der Mietnachfolger in diesem Fall darauf berufen kann, eine vereinbarte rückwirkende Mietanpassung aufgrund einer im Ausgangsmietvertrag enthaltenen Wertsicherungsklausel sei ihm gegenüber ausgeschlossen.

ZU EINER ÜBERHÖHTEN MIETE

OLG Düsseldorf, Urt. v. 28. Juli 2011 - 24 U 35/11

Leitsatz des OLG Düsseldorf:

1. Ein Anspruch auf Neuberechnung überhöhten Mietzinses in Höhe der ortsüblichen Miete lässt sich nach dem Wirtschaftsstrafrecht nicht begründen.

2. Ein Verstoß gegen § 4 Abs. 1 WiStG kommt nur in Betracht, wenn zumindest in dem entsprechenden Teilmarkt (hier: Gewerberäume zum Betrieb einer Eisdiele) ein geringes Angebot an vergleichbaren Räumen vorliegt, also das örtliche Angebot spürbar geringer ist als die Nachfrage (hier: verneint).

3. Bei gewerblichen Mietverhältnissen darf allein aus einem auffälligen Missverhältnis zwischen der vereinbarten und der marktüblichen Miete noch nicht auf eine verwerfliche Gesinnung des Vermieters geschlossen werden.

Zu Indexklauseln mit nicht mehr fortgeführtem Index
OLG Düsseldorf, Urt. v. 27. Oktober 2011 - 10 U 68/11

Leitsatz des Verfassers:

Verweist die vereinbarte Gleitklausel auf einen Index, der wie auch alle anderen nach Haushaltstypen differenzierten Preisindizes für die Lebenshaltung nicht fortgeschrieben wird, wird die Klausel nicht unwirksam. Die insoweit entstandene Regelungslücke ist im Wege ergänzender Vertragsauslegung zu schließen. Maßgebend ist, was die Vertragsparteien bei angemessener Abwägung ihrer Interessen nach Treu und Glauben vereinbart hätten, wenn sie den späteren Wegfall des Index bedacht hätten. Das führt im Streitfall zu der Auslegung, dass die Vertragsparteien in diesem Fall vereinbart hätten, dass als neuer Maßstab der Verbraucherpreisindex für Deutschland (VPI) gelten solle. Hätten die Vertragsparteien den Fall bedacht, dass der von ihnen in Bezug genommene und auf einen bestimmten Haushaltstyp (4-Personen-Arbeitnehmer-Haushalt mit mittlerem Einkommen) zugeschnittene Lebenshaltungsindex nicht fortgeschrieben wird, wohl aber der für die Lebenshaltung aller privaten Haushalte in Deutschland geltende Index (jetzt: "Verbraucherpreisindex"), so hätten sie ihn als Maßstab für künftige Anpassungen vereinbart.

Zu einer entgeltlichen Freistellung von einer Mietzinsschuld
BGH, Teilurt. v. 30. November 2011 – XII ZR 170/06

Leitsatz des BGH:

Ein Vertrag über die entgeltliche Freistellung von einer Mietzinsschuld ist im Fall der Unwirksamkeit des Mietverhältnisses auf eine unmögliche Leistung gerichtet und daher nach § 306 BGB aF nichtig. Die Unwirksamkeit der Freistellungsvereinbarung kann in der Rechtsmittelinstanz nicht mehr geltend gemacht werden, wenn der Partei, die sich auf die Unwirksamkeit beruft, bereits eine Forderung aus dem Freistellungsvertrag zugesprochen worden ist und das Urteil der Vorinstanz insoweit nicht angefochten und daher rechtskräftig ist (im Anschluss an BGHZ 109, 179 = NJW 1990, 447).

6. BETRIEBSKOSTEN

ZUR VERMIETERPFLICHT ZUM ABSCHLUSS GÜNSTIGER VERSICHERUNGSVERTRÄGE

KG Hinweisbeschluss vom 7. Februar 2011 – 8 U 147/10

Leitsatz des KG:

Der Vermieter hat die vertragliche Nebenpflicht, den Mieter nur mit Nebenkosten zu belasten, die erforderlich und angemessen sind. Er ist gehalten, möglichst günstige Versicherungsverträge abzuschließen und auf dem Markt Vergleichsangebote einzuholen.

ZUR RÜCKZAHLUNG VON VORAUSZAHLUNGEN AUF BETRIEBSKOSTEN

OLG Düsseldorf, Beschl. v. 3. März 2011 - 10 W 16/11

Leitsatz des OLG Düsseldorf:

Rückzahlung seiner kompletten Vorauszahlungen kann der Mieter nur verlangen, wenn der Vermieter bis zum Ablauf der auch im gewerblichen Mietrecht regelmäßig mit einem Jahr anzusetzenden Abrechnungsfrist keine Nebenkostenabrechnung erteilt hat und das Miet- oder Pachtverhältnis beendet ist.

ZUR UMLAGE VON VERWALTUNGSKOSTEN

BGH, Urt. v. 4. Mai 2011 – XII ZR 112/09

Leitsatz des Verfassers:

Die Umlage hinsichtlich "die Kosten der kaufmännischen und technischen Hausverwaltung der Mietsache" ist AGB-rechtlich nicht zu beanstanden.

ZU KOSTEN FÜR „CENTER-MANAGEMENT" NEBEN UMGELEGTEN VERWALTUNGSKOSTEN

BGH, Urt. v. 3. August 2011 – XII ZR 205/09

Leitsatz des BGH:

Die formularmäßig vereinbarte Klausel eines Gewerberaummietvertrages, die dem Mieter eines in einem Einkaufszentrum belegenen Ladenlokals als Nebenkosten des Einkaufscenters zusätzlich zu den Kosten der "Verwaltung" nicht näher aufgeschlüsselte Kosten des "Center-Managements" gesondert auferlegt, ist intransparent und daher unwirksam.

ZU EINZELNEN BETRIEBSKOSTENARTEN, INSBESONDERE SONSTIGEN BETRIEBSKOSTEN

OLG Düsseldorf, Urt. v. 15. Dezember 2011 - 10 U 96/11

Leitsatz des OLG Düsseldorf:

1. „Sonstige Betriebskosten" (z. B. Kosten der Überwachungsanlage) können in einem Formularmietvertrag auf den gewerblichen Mieter nur übergewälzt werden, wenn sie im einzelnen benannt sind.

2. Die vertragliche Formulierung „sonstige Kosten im Zusammenhang mit Betrieb und Unterhaltung des Gebäudes" ist auch gegenüber dem Alleinmieter des Grundstücks in hohem Maße intransparent.

3. Kosten der Elektronikversicherung der Brandmeldeanlage sind Kosten der „Gebäude-, Haftpflichtversicherung" i.S.v. § 2 Nr. 13 BetrkV.

4. Kosten der Überwachungsanlage sind keine Kosten des „Wach- und Schließdienstes".

5. Kosten des Aufzugsnotrufs sind Kosten der Beaufsichtigung und Überwachung i.S.v. § 2 Nr. 7 BetrKV.

6. Kosten für den erstmaligen Anschluss des Aufzugsnotrufs sind begrifflich keine Betriebskosten, da sie nicht laufend entstehen

7. Die im Klammerzusatz „(Tore, Klimaanlage, Heizung, Aufzug etc.)" aufgeführten Wartungsbeispiele sind in Anwendung der Zweifelsregelung des § 305c Abs. 2 BGB als enumerativ einzustufen. Das Kürzel „etc." lässt nicht mit der notwendigen inhaltlichen Bestimmtheit erkennen, auf welche weiteren Bestandteile des Objekts sich die Wartungspflicht des Mieters erstrecken soll.

7. BETRIEBSPFLICHT

ZUR DURCHSETZUNG DER BETRIEBSPFLICHT DURCH EINSTWEILIGE VERFÜGUNG

KG Urt. v. 12. September 2011 – 8 U 141/11

Leitsatz des KG:

Zur Durchsetzung der Betriebspflicht durch einstweilige Verfügung.

Leitsatz des Verfassers:

Ist es überwiegend wahrscheinlich, dass die Betriebspflichtverletzung des Mieters die Attraktivität des Ausstellungs- und Verkaufszentrums für Besucher, Eventveranstalter, vorhandene Mieter und Mietinteressenten mindert – wobei auch zu beachten ist, dass zunehmender Leerstand bei anderen Mietern zu Umsatzeinbußen führen und einen Anreiz ausüben kann, ihren Betrieb ebenfalls einzustellen –, wäre der Sinn der Betriebspflicht unterlaufen, wenn der Vermieter sich darauf verweisen lassen müsste, diese Gefahr bis zum Abschluss eines Hauptsacheverfahrens hinzunehmen. Dem Vermieter ist es auch nicht zuzumuten sich auf Schadenersatzansprüche verweisen zu lassen, deren Nachweis – insbesondere was die Kausalität zwischen Vertragsverletzung und Schaden angeht – große Probleme mit sich bringt.

8. Konkurrenzschutz

Ausnahmen vom vertragsimmanenten Konkurrenzschutz bei Vermietung an Angehörige freier Berufe

OLG Hamm, Urt. v. 28. Juni 2011 - 7 U 54/10

Leitsatz des Verfassers:

1. Im Gewerberaummietrecht kann ein Vermieter nach dem Grundsatz von Treu und Glauben (§§ 157, 242 BGB) auch ohne besondere Vereinbarung verpflichtet sein, dafür zu sorgen, dass in anderen Räumen des Mietobjekts kein Konkurrenzunternehmen betrieben wird. Dieser vertragsimmanente Konkurrenzschutz umschließt auch die Vermietung an Angehörige freier Berufe.

2. Die Pflicht des Vermieters zur Achtung eines vertragimmanenten Konkurrenzschutzes entfällt, wenn die nunmehr konkurrierenden Mieter früher einmal über einen Außensozietätsvertrag als Partner verbunden waren. Nach Treu und Glauben haben die Mieter als Gesellschafter untereinander vertraglich für einen auch nachwirkenden Konkurrenzschutz Sorge zu tragen.

9. GEWÄHRLEISTUNG UND MÄNGEL

FEHLENDE ATTRAKTIVITÄT EINES EINKAUFSZENTRUMS IST KEIN MANGEL

OLG Frankfurt, Urt. v. 28. Januar 2011 - 2 U 135/10

Leitsatz des Verfassers:

Die fehlende Attraktivität eines Einkaufszentrums aufgrund fehlender oder unzulänglicher Aktivitäten des Centermanagements sind keine Mietmängel.

GESETZLICHES RAUCHVERBOT IST KEIN MANGEL EINER GASTSTÄTTE; KEINE VERPFLICHTUNG DES VERPÄCHTERS ZUM EINBAU EINES RAUCHERBEREICHS

BGH, Urt. v. 13. Juli 2011 – XII ZR 189/09

Leitsatz des BGH:

a) Das Rauchverbot in § 7 Abs. 1 Nichtraucherschutzgesetz Rheinland-Pfalz stellt keinen Mangel einer verpachteten Gaststätte dar.

b) Der Verpächter ist nicht verpflichtet, auf Verlangen des Pächters durch bauliche Maßnahmen die Voraussetzungen zu schaffen, dass dieser einen gesetzlich vorgesehen Raucherbereich einrichten kann.

VERSTOß GEGEN DIE BRANDSCHUTZVORSCHRIFTEN UND SCHIMMELBILDUNG IN EINER ARZTPRAXIS

OLG Düsseldorf, Urt. v. 19. Juli 2011 - 24 U 31/11

Leitsatz des OLG Düsseldorf:

1. Solange die zuständige Behörde trotz eines Verstoßes gegen Brandschutzvorschriften eine Nutzung des Mietobjekts (hier: Arztpraxis) duldet und der Gebrauch nicht oder nur unerheblich beeinträchtigt ist, liegt ein Mangel nicht vor.

2. Die Äußerung des Vermieters, ein Mahnschreiben des Mieters mit Fristsetzung zur Mängelbeseitigung wirke wie eine Nötigung, stellt noch keinen Grund zur außerordentlichen Kündigung dar.

3. Schimmelpilzbildung in einer Arztpraxis berechtigt zur Minderung, deren Höhe sich an deren Ausbreitung und dem gesundheitsgefährdenden Ausmaß bemisst.

4. Auf Schimmelpilzbildung in seiner Arztpraxis kann der Mieter eine fristlose Kündigung erst stützen, wenn der Vermieter nach Anzeige des Mangels nicht alsbald für Abhilfe sorgt.

ABTRETUNG VON MÄNGELBESEITIGUNGSANSPRÜCHEN DES UNTERMIETERS AN DEN VERMIETER
OLG Düsseldorf, Beschl. v. 4. August 2011 – 24 U 48/11

Leitsatz des OLG Düsseldorf:

Tritt der Untermieter Ansprüche gegen den Mieter wegen unterlassener Mängelbeseitigung aus dem Untermietverhältnis an den Vermieter ab, so kann der Vermieter Ersatz der Beseitigungskosten von dem Mieter nur verlangen, wenn der Untermieter diesen zuvor mit der Mängelbeseitigung wirksam in Verzug gesetzt hat.

10. Kündigung des Miet- oder Pachtverhältnisses, Rücktritt vom Vertrag

Kündiung per Boten bei vertraglich vorgeschriebener Kündigung „schriftlich per Einschreiben"

OLG Hamm, Urt. v. 16. Februar 2011 - 30 U 53/10

Leitsatz des Verfassers:

Regelt ein Mietvertrag zur Kündigung, dass sie „schriftlich - per Einschreiben - erfolgen" muss, ist eine Kündigung regelmäßig auch bei einer alternativen Versandart wie der Übermittlung durch Boten wirksam. Allerdings ist im Einzelfall nicht ausgeschlossen, dass die besondere Versandart als Wirksamkeitserfordernis vereinbart wurde.

Keine Ordentliche Kündigung trotz Schriftformverstoß

OLG Bamberg, Urt. v. 2. März 2011 – 3 U 182/10

Leitsatz des OLG Bamberg:

Auf einen etwaigen Mangel der Schriftform kann sich die Partei des Gewerberaummietvertrages, die aus der Änderungsvereinbarung einen rechtlichen und tatsächlichen Vorteil hat, nicht berufen, um sich aus einem ihr inzwischen lästig gewordenen Mietvertrag zu lösen.

Zum Ausschluss der ordentlichen Kündigung bei einem bei zeitlich nicht begrenzten Mietvertrag

OLG Brandenburg. Urt. v. 30. März 2011 – 3 U 113/10

Leitsatz des Verf.

Die Wirksamkeit der Vereinbarung über den Ausschluss des Kündigungsrechts scheitert nicht daran, dass der Vertrag in zeitlicher Hinsicht nicht begrenzt ist. Dabei kann dahinstehen, ob ein Ausschluss des Kündigungsrechts nur dann

23

wirksam vereinbart werden kann, wenn er nicht zeitlich unbegrenzt wirkt oder ob ein Kündigungsausschluss auch bei einem unbefristeten Vertrag auf unbestimmte Zeit vereinbart werden kann. Denn unwirksam wäre ein Kündigungsausschluss jedenfalls nur dann, wenn damit die Gefahr bestünde, dass der Vertrag weder zeitlich begrenzt ist noch jemals von der Partei beendet werden kann, so dass seine Laufzeit „in der Luft hängt". Diese Gefahr besteht etwa dann nicht, wenn aus Sicht der Parteien sichergestellt ist, dass der Vertrag entweder zeitlich begrenzt ist oder von Seiten des Vermieters beendet werden kann. Nicht schädlich ist dabei, ob offen ist, welche der beiden Alternativen eintreten wird.

KÜNDIGUNG GEGENÜBER EINER AUßEN-GBR
BGH, Urt. v. 21. November 2011 – XII ZR 210/09

Leitsatz des BGH:

a) Zur Rechtsnatur einer Garagengemeinschaft nach § 266 ZGB-DDR.

b) Für die Kündigung eines mit einer Außen-GbR abgeschlossenen Mietvertrages genügt es, wenn sich aus der Kündigungserklärung entnehmen lässt, dass das Mietverhältnis mit der Gesellschaft gekündigt werden soll und die Kündigung einem vertretungsberechtigten Gesellschafter zugeht.

c) Das gilt auch dann, wenn den Gesellschaftern die Vertretungsbefugnis gemeinschaftlich zusteht.

11. ENDE DES MIETVERHÄLTNISSES UND HERAUSGABE DER MIETSACHE

ZUR MIETE FÜR DIE ZEIT DER RENOVIERUNG DURCH DEN VERMIETER NACH RÜCKGABE DER MIETSACHE

KG, Urt. v. 10. März 2011 – 8 U 187/10

Leitsatz des KG:

Ist ein Mietvertrag über Gewerberäume wirksam gekündigt und renoviert der Vermieter nach dem Auszug des Mieters aber vor Beendigung des Mietverhältnisses die Mieträume, so dass eine Benutzung der Räume während der Zeit der Renovierung ausgeschlossen ist, ist die Miete trotz des Auszugs des Mieters während der Dauer der Renovierung auf Null reduziert.

ZUR PFLICHT DES VERMIETERS AUF GEBRAUCHSÜBERLASSUNG NACH ENDE DES MIETVERHÄLTNISSES

KG, Hinweisbeschluss v. 16. Mai 2011 – 8 U 2/11

Leitsatz des KG:

Mit Beendigung des Mietvertrages endet auch die Pflicht des Vermieters zur Gebrauchsüberlassung gemäß § 535 Abs.1 BGB. Bei der Prüfung der Frage, ob der Vermieter gleichwohl nach Treu und Glauben gemäß § 242 BGB zur Versorgungsleistung verpflichtet ist, ist das Interesse des Mieters an der Aufrechterhaltung des Mietgebrauchs gegenüber dem Interesse des Vermieters an der Einstellung der Versorgungsleistungen abzuwägen. Unerheblich ist dabei das Interesse des Vermieters auf Räumung.

ZUM NUTZUNGSERSATZ BEI VERMIETERSEITS GEWÄHRTER, VERLÄNGERTER RÄUMUNGSFRIST

OLG Celle, Beschl. v. 20. Juni 2011 – 2 U 49/11

Leitsatz des OLG Celle:

Erteilt der Vermieter sein Einverständnis mit der Verlängerung der im Kündigungsschreiben gesetzten Räumungsfrist ausdrücklich zum Zwecke des vertragsgemäßen Rückbaus des Mietobjekts durch den Mieter, fehlt es an dem für einen Anspruch auf Nutzungsentschädigung wegen Vorenthaltung der Mietsache erforderlichen Rücknahmewillen.

UMFANG DES WEGNAHMERECHTS DES MIETERS

OLG Düsseldorf, Beschl. v. 4. August 2011 – 24 U 48/11

Leitsatz des OLG Düsseldorf:

Das Wegnahmerecht des Mieters ist ein Aneignungsrecht und nicht auf Einrichtungen beschränkt, sondern es erfasst auch Veränderungen in der baulichen Substanz ohne Rücksicht auf das Eigentum an den Einbauten.

12. KAUTION, BÜRGSCHAFT UND ANDERE MIETSICHERHEITEN

ZURÜCKBEHALTUNGS- UND LEISTUNGSVERWEIGERUNGSRECHT DES VERMIETERS HINSICHTLICH RENOVIERUNGSARBEITEN VOR BEGINN DES MIETVERHÄLTNISSES IM FALLE NICHT GELEISTETER KAUTION

OLG Brandenburg, Urt. v. 16. Februar 2011 – 3 U 84/10

Leitsatz des Verfassers:

Eine vor Beginn des Mietverhältnisses nicht geleistete Mietsicherheit kann ein Zurückbehaltungsrecht bzw. ein Leistungsverweigerungsrecht des Vermieters hinsichtlich vor Beginn des Mietverhältnis zu tätigender Umbaumaßnahmen hervorrufen.

VERWERTUNG DER KAUTION NACH VERÄUßERUNG DES MIETOBJEKTS

OLG Frankfurt, Urt. v. 15. April 2011 – 2 U 192/10

Leitsatz des OLG Frankfurt:

Ein Vermieter kann eine Kaution auch dann noch zur Deckung seiner rechtskräftig festgestellten Forderung verwerten, wenn er das Mietobjekt bereits veräußert und übereignet hat, sofern sich die Kaution noch in seinem Vermögen befindet. § 566 a BGB bezweckt den Schutz des Mieters, der durch die Veräußerung des Mietobjekts nicht schlechter gestellt werden soll, als er vor der Veräußerung stand. Der Mieter soll aber auch nicht zu Lasten des vormaligen Vermieters ungerechtfertigt besser gestellt werden, indem er die Mietsicherheit von dem Erwerber stets uneingeschränkt zurückfordern kann.

ZUR AUFRECHNUNG GEGEN DEN ANSPRUCH DES MIETERS AUF FREIGABE EINES VERPFÄNDETEN SPARKONTOS

KG, Urt. v. 9. Mai 2011 – 8 U 172/10

Leitsatz des KG:

Der Vermieter kann gegen den Anspruch des Mieters auf Freigabe eines verpfändeten Sparkontos als Mietsicherheit mit einen Zahlungsanspruch nicht aufrechnen, weil es insoweit an der Gleichartigkeit beider Ansprüche im Sinne von § 387 BGB fehlt.

ZUR VERTRAGLICHEN AUSWAHL DER MIETSICHERHEIT

OLG Düsseldorf, Urt. v. 9. Juni 2011 - 10 U 148/10

Leitsatz des OLG Düsseldorf:

Ist der Vermieter berechtigt, statt einer Bürgschaft als Mietsicherheit nach seiner Wahl auch die nichtverzinsliche Barzahlung des mit dem Mieter vereinbarten Sicherheitsbetrages zu verlangen, konzentriert sich das in Bezug auf die vereinbarte Mietsicherheit bestehende Schuldverhältnis gemäß § 263 Abs. 2 BGB auf die als Sicherungsmittel gewählte Bankbürgschaft, wenn er den Mieter statt zur Zahlung der Kautionssumme - hier - zur Vorlage einer ergänzenden Erklärung der bürgenden Bank, dass die Bürgschaft unbefristet gelte, auffordert.

ZUR KÜNDIGUNG EINER PERSÖNLICHEN MIETSICHERHEIT DURCH EINEN AUSSCHEIDENDEN FREMDGESCHÄFTSFÜHRER EINER GmbH

BGH, Urt. v. 20. Juli 2011 – XII ZR 155/09

Leitsatz des BGH:

Hat der Fremdgeschäftsführer einer GmbH für diese eine persönliche Mietsicherheit begeben (hier: Schuldmitübernahme/Schuldbeitritt), stellt sein Ausscheiden aus dem Geschäftsführeramt zwei Monate, bevor die Miete bei der

Gesellschaft uneinbringlich wird, keinen wichtigen Grund zur Kündigung der Sicherheit gegenüber dem Vermieter dar.

FÄLLIGKEIT DES KAUTIONSRÜCKZAHLUNGSANSPRUCHS UND RECHTSVERFOLGUNGSKOSTEN DES GEWERBLICHEN MIETERS

OLG Düsseldorf, Urt. v. 15. Dezember 2011 - 10 U 118/11

Leitsatz des OLG Düsseldorf:

1. Zur Fälligkeit des Kautionsrückzahlungsanspruchs.

2. Dem gewerblichen Vermieter steht ein Schadensersatzanspruch auf Erstattung vorgerichtlich entstandener Rechtsanwaltskosten nicht zu, wenn die den berechneten Kosten zugrunde liegende anwaltliche Tätigkeit i.S. des §§ 249, 254 Abs. 2 BGB nicht erforderlich war. Das ist der Fall, wenn die Tätigkeit des Rechtsanwalts sich auf eine schlichte Zahlungsaufforderung beschränkt.

Leitsatz des Verfassers:

Fällig wird der Anspruch des Mieters auf Rückzahlung der Kaution nicht automatisch mit Ablauf des Mietverhältnisses. Dem Vermieter ist nach Beendigung des Mietvertrages vielmehr eine angemessene Frist einzuräumen, innerhalb deren er sich zu entscheiden hat, ob und in welcher Weise er die Kaution zur Abdeckung seiner Ansprüche verwenden will; erst danach wird der Anspruch des Mieters auf Rückzahlung der Kaution fällig. Bis zum Ablauf dieser Frist ist jeglicher Zugriff des Mieters auf die Kaution, insbesondere durch Aufrechnung gegen die Forderungen des Vermieters, ausgeschlossen.

13. INSOLVENZ EINER MIETVERTRAGSPARTEI

INSOLVENZANFECHTUNG: KENNTNIS DES VERMIETERS VON DER DROHENDEN ZAHLUNGSUNFÄHIGKEIT DES SCHULDNERS

OLG Hamburg, Urt. v. 25. Februar 2011 - 4 U 116/09

Leitsatz des Verfassers:

Ist der Mieter mit Mieten für die Monate März und Juni bis August im Rückstand, erfüllt das nicht die Voraussetzung des Bundesgerichtshofs von einer Kenntnis von einer drohenden Zahlungsunfähigkeit des Mieters. Diese ist in der Regel anzunehmen, wenn die Verbindlichkeiten des Schuldners bei dem späteren Anfechtungsgegner über einen längeren Zeitraum hinweg ständig in beträchtlichem Umfang nicht ausgeglichen werden und diesem den Umständen nach bewusst ist, dass es noch weitere Gläubiger mit ungedeckten Ansprüchen gibt.

DER RÜCKGABEANSPRUCH DER MIETSACHE BEI INSOLVENZ DES MIETERS

OLG Düsseldorf, Urt. v. 14. April 2011

Leitsatz des OLG Düsseldorf:

1. Ist das Mietverhältnis vor Eröffnung des Insolvenzverfahrens aufgelöst worden, so sind der Rückgabeanspruch gemäß § 546 BGB sowie alle Abwicklungsansprüche bereits vor Eröffnung entstanden und folglich grundsätzlich Insolvenzforderungen gemäß § 38 InsO. Dies schließt den Anspruch des Vermieters auf Entschädigung bei verspäteter Rückgabe ein.

2. Zur Darlegungslast des Vermieters, dass der Insolvenzverwalter die Miet- oder Pachtsache nach Verfahrenseröffnung (weiter) nutzt und ihn dabei gezielt vom Besitz ausschließt.

3. Nur der äußere Anschein einer Inanspruchnahme der Mietsache durch den Insolvenzverwalter begründet noch keine Masseverbindlichkeit.

4. Zur Frage, ob eine den Anwendungsbereich des § 55 Abs. 1 InsO eröffnende tatsächliche Inanspruchnahme in der (schlichten) Übernahme der Masse nach § 148 InsO zu sehen sein kann, wenn sich Gegenstände des Schuldners im Mietobjekt befinden.

5. Äußerungen, die der Verwalter gegenüber dem Vermieter vor Eröffnung des Insolvenzverfahrens in seiner Funktion als vorläufiger (schwacher) Insolvenzverwalter abgegeben hat, sind ihm als Insolvenzverwalter nicht zuzurechnen.

ZUR ZAHLUNGSPFLICHT EINES VEREINBARTEN BAUKOSTENZUSCHUSSES BEI VORZEITIGER VERTRAGSBEENDIGUNG AUFGRUND INSOLVENZ DER MIETERIN

OLG Brandenburg, Urt. v. 8. Juni 2011 – 3 U 87/10

Leitsatz des Verfassers:

Zur Zahlungspflicht eines vereinbarten Baukostenzuschusses bei vorzeitiger Vertragsbeendigung aufgrund Insolvenz der Mieterin.

DER EINTRITT IN DEN MIETVERTRAG ALS HAUPTMIETER UND GLEICHZEITIGER UNTERVERMIETUNG AN EINE KONZERNGESELLSCHAFT IST KEINE UNENTGELTLICHE LEISTUNG I.S.D. § 134 INSO

OLG Brandenburg, Urt. v. 10. August 2011 – 3 U 112/10

Leitsatz des Verfassers:

Der Eintritt einer Gesellschaft in einen Mietvertrag als „Zwischenmieter", d.h. als Hauptmieter, der an eine Konzerngesellschaft untervermietet, ist im Falle der späteren Insolvenz der Gesellschaft keine unentgeltliche Leistung i.S.d. § 134 InsO, der zur Anfechtung berechtigt.

14. STREITWERT

ZUR ANWENDBARKEIT DES § 41 GKG

KG, Beschluss v. 7. Februar 2011 – 8 W 41/10

Leitsatz des KG:

§ 41 Abs. 1 GKG kommt bei Streitigkeiten über Zahlungsverpflichtungen aus einem Mietvertrag grundsätzlich nicht in Betracht, auch wenn die Parteien letztlich über das Bestehen oder den Fortbestand des zugrunde liegenden Mietverhältnisses streiten. Denn der für die Wertfestsetzung maßgebliche Streitgegenstand ist nicht durch den Streit über das Bestehen oder die Dauer des Mietverhältnisses bestimmt, sondern durch einen Einzelanspruch aus dem Mietverhältnis, nämlich hier rückständige und zukünftige Geldforderungen des Vermieters. Aus diesem Grund fällt die Leistungsklage des Vermieters nicht in den Anwendungsbereich des § 41 Abs. 1 GKG .

ZUKÜNFTIGE NUTZUNGSENTSCHÄDIGUNG

OLG Düsseldorf, Beschl. v. 24. Mai 2011 - 10 W 79/10

Leitsatz des OLG Düsseldorf:

Die Bestimmung des Streitwerts für die Klage auf zukünftige Nutzungsentschädigung hat gem. § 48 Abs. 1 GKG i.V.m § 3 ZPO zu erfolgen und ist in einfacher gelagerten Fällen auf den 12-fachen Betrag der geforderten monatlichen Nutzungsentschädigung festzusetzen.

DIE USt IST BEI EINEM STREITWERT NACH § 41 GKG ZU BERÜCKSICHTIGEN

OLG Düsseldorf, Urt. v. 19. Juli 2011 - 24 W 59/11

Leitsatz des OLG Düsseldorf:

Die Mehrwertsteuer ist als unselbständiger Teil des Jahresentgeltes Teil der Hauptforderung und bei der Wertberechnung zu berücksichtigen.